ESTAMPES

DES

ÉCOLES FRANÇAISE ET ANGLAISE

DU XVIIIe SIÈCLE

Pièces imprimées en noir et en couleur

Mᵉ MAURICE DELESTRE

Commissaire-Priseur

5, RUE SAINT-GEORGES

M. A. DANLOS

Marchand d'Estampes

15, QUAI VOLTAIRE, 15

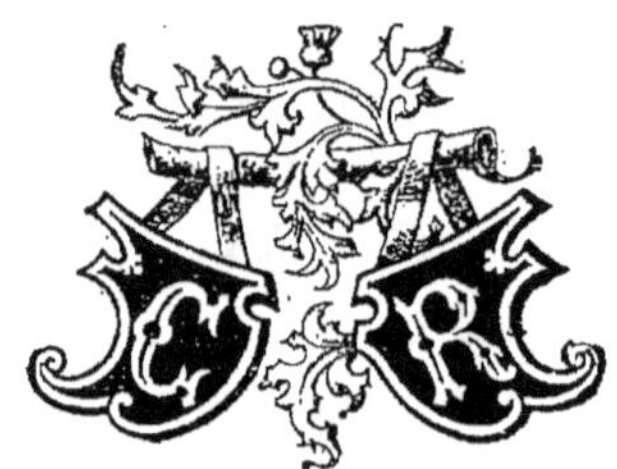

CATALOGUE

DES

ESTAMPES

DE

L'ÉCOLE FRANÇAISE DU XVIIIᵉ SIÈCLE

PIÈCES IMPRIMÉES EN NOIR ET EN COULEUR

ÉCOLE ANGLAISE

TRÈS BEAU TABLEAU DE GAILLARD

Choix remarquable de pièces de son Œuvre gravé

DESSINS

DONT LA VENTE AUX ENCHÈRES PUBLIQUES

AURA LIEU

Hôtel des Commissaires-Priseurs, rue Drouot, Nᵒ 9

SALLE Nᵒ 10

Le mardi 1ᵉʳ Mai 1900

A 2 HEURES TRÈS PRÉCISES

Par le ministère de Mᵉ **MAURICE DELESTRE**, commissaire-priseur,

5, RUE SAINT-GEORGES

Assisté de **M. A. DANLOS**, marchand d'Estampes,

15, QUAI VOLTAIRE

CONDITIONS DE LA VENTE

Elle sera faite au comptant.

Les acquéreurs paieront cinq pour cent en plus des adjudications.

M. DANLOS, chargé de la vente, se réserve la faculté de rassembler ou de diviser les lots.

La collection sera visible chez M. DANLOS, *du jeudi 26 au mardi 28 avril.*

ORDRE DE LA VACATION

Nos 26 à 122.
— 123 à 227.
— 1 à 25.

TABLEAU

GAILLARD (F.).

1. *Portrait de M. Suss-Gérard, ancien archiviste des Musées nationaux.*

   Peinture à l'huile de 0^m,60 de hauteur sur 0^m,50 de largeur.

   Exposé à l'Exposition universelle de 1889. Publié dans l'*Art* par M. Émile Molinier, 1891, 1er semestre.

   Un portrait de la même personne, dessin à la mine de plomb, relevé d'aquarelle, également par Gaillard, figure au musée du Luxembourg.

DESSINS

BERNARD.

2. *Portrait de Marie-Antoinette.*

En buste et dirigée vers la gauche, la Reine est vue de profil, coiffure relevée et bouclée, corsage légèrement décolleté.

Très beau dessin calligraphique légèrement relevé d'aquarelle.

BOUCHOT?

3. *Le Convalescent.*

Une jeune fille s'abritant sous une ombrelle et tenant un pliant à la main soutient les pas d'un vieillard, se promenant dans son jardin.

Très jolie aquarelle.

CARESMES (D'après Pn.).

4. *Les Plaisirs champêtres. La Danse champêtre.*

Deux gouaches, de forme ovale, faisant pendants.

ÉCOLE FRANÇAISE (XVIIIᵉ SIÈCLE).

5. *Ils sont passés ces jours de fête.*

Une vieille femme s'appuyant sur une béquille essaye de lire, à l'aide de ses besicles, l'inscription rapportée plus haut inscrite sur le piédestal de la statue d'un Amour moqueur; derrière cette statue et en partie caché par un buisson de roses, un jeune couple dont on n'aperçoit que les jambes.

Très jolie petite aquarelle, de forme ronde, relevée d'un peu de gouache.
Cadre doré.

6. *Jeune femme assise, médaillon ovale.*

Au lavis de bistre.

7. *La Fille bien gardée.*

Composition de onze personnages, dans le goût de Ét. Aubry.

A la pierre noire relevé de pastel. Cadre en bois doré.

8. *Études de jeune Femme dormant.*

Deux dessins au crayon noir.

9. *Tête de femme, grandeur nature.*

Aux crayons de couleurs, daté Roma 1777.

10. *Diane et Calisto.*

Composition de onze figures.

A la gouache.

11. *Paysage suisse.*

Aquarelle et sépia.

12. *Le Coup de vent, scène humouristique.*

A la plume, relevé d'aquarelle.

HUET (J.-B.).

13. *Une Foire de village.*

Sur le premier plan et au milieu de la composition, une jeune paysanne tenant son petit garçon par la main, est suivie d'un troupeau de moutons ; à droite et à gauche paysans et animaux, au fond tentes et buveurs.

Très joli et important dessin à la plume lavé d'aquarelle.
Signé et daté : J.-B. Huet, 1793.

HUET (D'après J.-B.).

14. *La Jeune savonneuse.*

Plume et aquarelle.

JONGKIND.

15. *Un Canal en Hollande.*

Croquis au crayon noir.

MONNIER (HENRY).

16. *Une Lecture dans un salon, composition de treize personnages.*

Beau dessin à la plume et à l'aquarelle.
Signé : A. Mene Henry Monnier, 1872.

17. *Types Parisiens: Un notaire?*

A la plume, signé et daté : H.-M., 1832.
Cadre ancien.

18. *Types Parisiens : La Femme de ménage.*

A la plume lavé d'aquarelle.
Cadre ancien.

ORNEMENTS.

19.
20. DELAFOSSE? Chenets décorés des attributs de la guerre.

Très beau dessin à la sépia.

20. **D**ELAFOSSE**?** Flambeau.

Beau dessin à la sépia.

21. **R**ANSON**. Trophées des Arts et des Sciences. — Trophées champêtres.

Trente-six motifs très finement gouachés sur six feuilles.

22. **B**LAQUIER**. Vase antique, 1774. — Fragments de sculpture antique. — Tombeaux.

Trois dessins à la sépia.

PILLE (H**ENRI**).

23. *Rabelais.*

Le joyeux curé de Meudon est représenté dans un médaillon entouré d'une guirlande de ribauds et de ribaudes, armés tous de verres, de pots et de victuailles.

Très joli dessin à la plume.
Sous verre.

SILVESTRE (Is.).

24. *Vue d'un château (Richelieu?) prise de plusieurs côtés.*

Très fin et très joli dessin à la plume.
Encadré.

WILLE (P.-A.).

25. *Portrait d'une jeune Femme.*

En buste, et dirigée vers la droite, elle est vue de trois quarts regardant de face, cheveux bouclés retenus par un ruban, fichu croisé sur le corsage.

Très beau dessin à la sanguine.
Signé et daté : P. A. Wille fils, 1789.

ESTAMPES

ADAM (Victor).

26. Le Bien et le Mal, suite de vingt-cinq lithographies réunies en
un album.
> Très belles épreuves.

ALMANACH.

27. 1705. « La signalée victoire remportée par l'armée navale de Sa
Majesté, sous le commandement de Mgr le Comte de Toulouse,
amiral de France, sur les flottes angloise et hollandoise, 1703. »
A Paris chez G. Vallerye.
> Très belle épreuve.

BARTOLOZZI (F.).

28. Love and Fortune. — Les Amants surpris. — Amour décochant
une flèche. Trois pièces gravées d'après Cipriani et A. Kauff-
mann.
> Très belles épreuves imprimées en couleurs et en bistre.

BARTOLOZZI? (D'après F.).

29. La Chèvre et l'Enfant. Petite pièce ovale gravée au pointillé. —
> Très belle épreuve avant toutes lettres, imprimée en bistre.

BAUDOUIN (D'après P.-A.).

30. Le Catéchisme. — Le Confessionnal. Deux pièces, faisant pendants, gravées par P. E. Moitte (E. B. 12 et 15).
> Très belles et rares épreuves avant la lettre. Sans marges.

31. Le Curieux, par P. Maleuvre (17).
Belle épreuve avec l'adresse de Leloutre effacée.

32. Le Jardinier galant. — Le Matin. Deux pièces gravées par Helman et de Ghendt (25 et 32).
Belles épreuves sans marges.

33. La Rencontre dangereuse, par Le Veau (40).
Superbe épreuve avant la lettre. Toute marge.

BOILLY (L.).

33 bis. Monsieur? C'est y ça que vous cherchez. — Scène poissarde. — Le tailleur de pierre. — Les Joueurs de bille. Quatre lithographies originales du maître, imprimées chez Delpêch.
Très belles épreuves en couleurs. Toutes marges.

BOILLY (D'après L.).

34. La Comparaison des petits pieds, charmante petite réduction, de forme ronde, gravée par De Gouy.
Très belle et rare épreuve imprimée en couleurs, les inscriptions sont tracées à la pointe. Marge.

35. La douce Impression de l'harmonie, par F. J. Wolff.
Très belle épreuve imprimée en couleurs, légèrement restaurée et sans marge.

36. La Précaution. — L'Attention. Deux pièces, faisant pendants, gravées par Tresca.
Très belles épreuves, la première pièce est imprimée en couleurs, la seconde est coloriée.

BOILVIN (E.).

37. Vignette pour Rabelais, édition Jouaust, 1877.
Superbe épreuve avant toutes lettres.

BOITES (Dessus de).

38. Les Sens. — L'Apoticaire charitable. — Les Saisons. Onze pièces.
Très belles épreuves.

BONNET (L.).

39. Les Apréts du bain. — La Dormeuse. Deux pièces faisant pendants.
Très belles épreuves imprimées en couleurs.

BOUCHER (D'après F.).

40. Jeune femme couchée sur le ventre, par Demarteau, (nº 46).
Très belle épreuve tirée à la sanguine. Marge.

41. La Femme au cœur, par Demarteau (321).
Très belle et rare épreuve imprimée à la sanguine. Grande marge.

42. Elle mord à la grappe, par J. Pasquier.
Très belle épreuve. Grande marge.

43. Pensent-ils aux raisins ? — La Fécondité. Deux pièces gravées par Le Bas et Gaillard.
Rares épreuves à l'état d'eau-forte.

44. Le Réveil. par P.-C. Levesque.
Très belle épreuve. Rare.

45. Le Sommeil. — Le Réveil. Deux pièces, faisant pendants, gravées par Huquier fils.
Très belles épreuves.

46. Vénus et les Amours, par Gaillard.
Superbe et rare épreuve avant la lettre.

47. Vénus sur les eaux, par Lempereur.
Superbe et rare épreuve avant la lettre. Grande marge.

48. Vénus entrant au bain. — Vénus et l'Amour. — Études de femmes nues. Cinq pièces gravées par Michel et autres artistes.
Très belles épreuves en noir et à la sanguine.

BRACQUEMOND (F.).

49. Les Hirondelles (H. B. 225).
Très belle épreuve avec la petite marge provenant du biseau qui a été fait à la planche. Rare.

CARÊME (D'après P.).

50. Le Marchand d'orvietan de campagne. — La Troupe ambulante des rues de Paris. Deux pièces, faisant pendants, gravées par Bonnet.
Très belles épreuves imprimées en couleurs.

CARICATURES.

51. L'Ane comme il n'y en a point. — Le Lutrin vivant. — Le Lutrin de village. — La Femme maîtresse de la culotte, etc. Dix pièces.

Belles épreuves coloriées.

52. Ladi constipé. — Chacun son tour. — La Pudeur alarmée. — Cabinet d'aisance publique, etc. Dix pièces scatologiques.

Épreuves noires et coloriées.

52 *bis*. Six pièces (Nos 2, 4, 5, 6, 8 et 9), d'une suite de douze pièces lithographiées par J.-J. Isabey et imprimées chez Motte.

Très belles épreuves coloriées ayant toutes leurs marges, la dernière pièce est sur papier teinté.

53. Médailles ou contrastes, par Pigal. Dix pièces.

Très belles épreuves coloriées. Marges.

54. Scènes de société, par Pigal. Trente-six pièces.

Très belles épreuves, trente-deux sont coloriées, quatre sont en noir. Marges.

55. Scènes populaires, par Pigal. Cinquante pièces.

Très belles épreuves coloriées, trois pièces sont doubles. Marges.

55 *bis*. Mœurs parisiennes. — Médailles ou contrastes. — On dit. — On ne dit rien, etc. Quatorze pièces lithographiées par Pigal et Charlet.

Très belles épreuves coloriées. Toutes marges.

56. Portes et fenêtres. Soixante-douze pièces, dites à tiroir, publiées chez Aubert et chez Martinet.

Très belles épreuves coloriées. Collection très rare à trouver en aussi bon état et aussi nombreuse.

57. Cris de Paris. — Mœurs parisiennes. — Scènes familières. Trente-quatre pièces d'après C. Vernet, Pigal et autres artistes.

Épreuves noires et coloriées.

58. A trip to Brighton. — Return from Brighton. — The Glorious 18 of June. — Political conveyanger, etc. Onze pièces humoristiques par Gilray et W. Heath.

Très belles épreuves, neuf sont coloriées.

58 *bis*. Ces Diables de lithographies. Suite complète de douze pièces lithographiées par Le Poitevin.

Très belles épreuves dans leur couverture de publication.

CARRACHE (D'après A.).

59. Bath of Diana, par C. Knigh. ——————————
Très belle épreuve imprimée en couleurs.

CHARDIN (D'après J.-B.-S.).

60. Dame prenant son thé. — La petite fille aux cerises. Deux pièces
gravées par Fillœul et Cochin.
Rares épreuves à l'état d'eau-forte.

CHARON (A Paris, chez).

61. Regardez, mais n'y touchez pas.
Très belle épreuve en noir, les figures et les mains en rouge. Toute
marge.

CHOFFARD (P.-P.).

62. Son portrait, de profil à gauche, sur une petite médaille entourée
d'une guirlande de fleurs, 1762; ce portrait sert de cul-de-
lampe au Rossignol, dans les contes de La Fontaine, édition
des Fermiers généraux.
Très belle épreuve avant toutes lettres, à l'état d'eau-forte, très grande
marge. Excessivement rare.

63. La même Estampe. ——— - ————————
Superbe et très rare épreuve avant le texte au verso. Toute marge.

COCLERS (D'après).

64. Aspettare, par L. A. Claessens.
Très belle épreuve coloriée. Marge.

COPLEY (D'après J. S.).

65. Their Royal Highnesses the Princesses Mary, Sophia and
Amelia, gravé par F. Bartolozzi.
Très belle épreuve imprimée en couleurs avec quelques rehauts du
temps. Très rare.

COSTUMES.

65 bis. Incroyables et Merveilleuses (Nos 7, 10, 19 et 21). Quatre pièces
gravées par Gatine d'après H. Vernet.
Très belles épreuves coloriées.

COSWAY (D'après R.).

66. Mademoiselle La Chevalière d'Eon de Beaumont, par Chambars. In-18.

Très belle épreuve imprimée en bistre.

DANIELL (W.).

67. Vue du Palais-Royal, et des galeries de Bois, prise du côté de la cour, 1827. — Vue du Palais-Royal et de la galerie d'Orléans, prise du côté du jardin. Deux grandes pièces en largeur.

Très belles épreuves en couleurs, montées en dessins.

DEBUCOURT (P.-L.).

68. Les Bouquets ou la Fête de la Grand-Maman, 1788 (M. Fenaille, 16).

Superbe épreuve imprimée en couleurs du premier tirage avec la lettre : avant qu'un second point, constatant le second ou le troisième tirage, ait été ajouté à la suite de la date 1788 ; elle est très fraîche et a toute sa marge. Très rare de cette qualité.

69. Annette et Lubin, 1789 (22).

Très belle épreuve du 4e état imprimée en couleurs : avant que la date 15 juin 1789, tracée à la pointe, à droite, au-dessous du trait carré, ait été effacée. Marge.

70. Jouis, tendre mère (58).

Très belle épreuve d'un état intermédiaire entre le premier et le second, non décrit par M. Fenaille : elle est avant la lettre, mais la signature au lieu d'être tracée à la pointe est gravée.

71. Illumination de la grande cascade de Saint-Cloud, le 1er avril 1810, jour du mariage civil de S. M. l'Empereur et Roi avec l'Archiduchesse Marie-Louise d'Autriche (221).

Très belle et rare épreuve en couleurs. Toute marge.

72. Le Jour de barbe d'un charbonnier, d'après C. Vernet (377).

Superbe épreuve en couleurs. Toute marge.

73. La Marchande de Poissons, d'après C. Vernet (380).

Très belle épreuve en couleurs. Toute marge.

74. Les Aveugles, d'après C. Vernet (407).

Superbe épreuve en couleurs. elle est de la plus grande fraîcheur et a toute sa marge.

75. Les Joueurs de Boules, d'après C. Vernet (413).

Superbe épreuve en couleurs avant la retouche ; elle est de la plus grande fraîcheur et a toute sa marge. Très rare de cette qualité.

76. Le Coup de vent. — Officier de Dragons Danois. — Mameluck, porte-étendard — Mameluck. — Le Courrier anglais. Cinq pièces d'après C. et H. Vernet.

> Belles épreuves en couleurs.

DEMARTEAU (G.).

77. Jeune femme vue de trois quarts, coiffée d'un petit chapeau plat. Gravé aux deux crayons, d'après Ant. Watteau.

> Très belle épreuve.

DESRAIS (D'après C. L.).

78. Le Serment à la mode. — Le Bosquet dangereux. Deux très jolies pièces dans des cadres ornés, faisant pendants. Gravés par E.-S. Berthet.

> Très belles épreuves avant la dédicace. Grandes marges.

79. Vue de la grande parade passée par le Premier Consul, dans la cour des Thuilleries, gravé par Le Beau.

> Très belle épreuve coloriée. Marge.

ÉCOLE ANGLAISE (xviiie siècle).

80. Mrs Worlidge, joli portrait gravé à la manière noire. —

> Superbe et très rare épreuve avant toutes lettres.

81. Jeunes Femmes en bustes. Trois pièces de forme ovale.

> Très belles épreuves à la sanguine.

82. Mrs Stanhope. — Miss Stephens. — Beauty and affection. — Shall i answer him. Quatre pièces gravées et lithographiées en 1818 et 1837, par Cooper, Ross et autres artistes.

> Très belles épreuves. Rares.

ÉCOLE FRANÇAISE (xviiie siècle).

83. Intérieur d'un café sous Louis XVI. (Le café Procope?)

> Épreuve coloriée sur trait d'une pièce très rare et très intéressante comme costumes, elle est montée en dessin et encadrée.

84. Vue du Caffé du Caveau du Palais-Royal.

> Très belle épreuve coloriée et non découpée d'une très jolie et très intéressante pièce anonyme ayant forme d'écran. Très rare.

85. Le double Engagement. —

> Très belle épreuve avec toute sa marge.

86. Une élégante société visitant, sous l'empire, une tour en ruines.

> Trait colorié.

87. L'Amour et l'Amitié. — La Vertu lui rend hommage (aux mânes de J.-J. Rousseau). Deux pièces faisant pendants.

> Très belles épreuves imprimées en couleurs.

88. La Mère laborieuse. — On y va deux. — Arabesques. Quatre pièces d'après Chardin, Lawreince et Watteau.

> Belles épreuves.

89. Ah ! s'il s'éveillait. — Costume de femme anglaise. — La Nymphe fouettée. — Le Loup dans la bergerie. — Il a cueilli ma rose, etc. Douze pièces d'après Regnault, Fragonard et autres artistes.

> Belles épreuves.

90. Ah ! ce n'est pas cela. — La Fille mal payée. — La Faiseuse de galettes. — Les Colombes, etc. Quinze pièces d'après Boucher, Huet et autres artistes.

> Belles épreuves en noir et en couleurs.

91. L'Amant multier. — Le Soir. — L'Oiseau attrapé. — L'Oiseau échappé, etc. Dix-neuf pièces d'après Regnault, Huet et autres artistes.

> Belles épreuves en noir et en couleurs.

FRAGONARD (H.).

92. L'Armoire (De B. 2).

> Superbe épreuve avant toutes lettres. Très rare.

FRANÇOIS (A.).

93. Le Couronnement de la Vierge, d'après Beato Angelico.

> Très belle épreuve sur chine. Encadrée.

GAILLARD (F.).

94. Portrait de Gaillard, gravé par T. de Marc.

> Très belle épreuve sur chine. Signée et encadrée.

95. Chapu. In-8 (H. B. 2).

> Très belle épreuve sur chine.

96. Jean Bellin tourné à droite, seconde planche. In-8 (5).

> Très belle épreuve avant la lettre, le nom de Gaillard tracé à la pointe au milieu de la marge du bas. Sur chine, signée et encadrée.

97. Horace Vernet, d'après P. Delaroche. In-8 (9).

Superbe épreuve avant toutes lettres. Sur chine, signée et encadrée.

98. La Vierge au linge, d'après le tableau de Raphaël du Musée du Louvre. In-8 (14).

Superbe épreuve avant toutes lettres, seulement la signature de Gaillard tracée à la pointe sous le trait carré. Sur chine, signée et encadrée.

99. Vénus. — Mercure. Deux pièces, grand in-8, d'après Thorwaldsen (20-21).

Superbes épreuves avant toutes lettres, seulement le nom de Gaillard tracé à la pointe. Signées et encadrées.

100. Œdipe, d'après Ingres. In-8 (24).

Superbe épreuve avant la lettre, les noms des artistes tracés à la pointe, sur chine. Encadré.

101. L'Homme à l'Œillet, d'après Van Eyck. In-8 (25).

Superbe épreuve avant toutes lettres, seulement le nom de Gaillard tracé à la pointe au milieu de la marge du bas. Sur chine, signée et encadrée.

102. Dante, d'après un bronze du xve siècle de la collection Wallace. In-8 (27).

Superbe épreuve d'artiste, sur chine. Encadrée.

103. La Vierge et l'Enfant Jésus, d'après le tableau de Boticelli du Musée du Louvre. Petit in-fol. (29).

Superbe épreuve avant toutes lettres. Sur chine, signée et encadrée.

104. Henri, comte de Chambord. In-fol. (30).

Très belle épreuve avant la mention : *publié avec l'approbation de M. le comte de Chambord.* Sur chine, signée et encadrée.

105. Pie IX. In-fol. (31).

Très belle épreuve avant que l'adresse : *Publié à Paris, chez l'auteur...* ait été effacée. Sur chine, signée et encadrée.

106. Le Crépuscule, sculpture de Michel-Ange. In-8 en largeur (32).

Superbe épreuve, sur chine, avant la signature à la pointe ; tirée à six exemplaires. Signée et encadrée.

107. Saint Sébastien. In-4 (33).

Très belle épreuve avec la mention suivante de la main de l'artiste : *Fait d'après nature avant le tableau qui est au Luxembourg, F. Gaillard 1874.* Encadrée.

108. Saint Sébastien, d'après le tableau de l'artiste (Musée du Luxembourg). In-8 (34).

Superbe épreuve avant toutes lettres et avant le nom de Gaillard tracé à la pointe ; elle porte la mention suivante : *Gravé par F. Gaillard, d'après son tableau du Musée du Luxembourg, offert... F. Gaillard.* Sur chine et encadrée.

109. Tête de cire du musée de Lille, deuxième planche. In-12 (36).

Très belle épreuve, d'un ton adouci, tirée avant le nom de Gaillard tracé à la pointe. Sur chine, signée et encadrée.

110. Monseigneur de Mérode, à genoux devant l'apparition du Christ. In-8 (37).

Très belle épreuve sur chine. Signée.

111. Dom Prosper Guéranger, abbé de Solesmes. In-4 (38).

Très belle épreuve avant la lettre. Sur chine, signée et encadrée.

112. Léon XIII. In-fol. (39).

Superbe épreuve tirée avant que la tête ait été entièrement changée et que les cheveux, au lieu d'être bouclés derrière l'oreille droite, aient été ramenés en avant, sur la tempe. Sur chine, signée et encadrée.

113. Monseigneur Pie, évêque de Poitiers. In-8 (40).

Très belle épreuve avant toutes lettres et avant quelques travaux ajoutés dans les fonds. Sur chine, signée et encadrée.

114. Le Comte de Melun. In-12 (41).

Très belle épreuve. Signée et encadrée.

115. Les Pèlerins d'Emmaüs, d'après le tableau de Rembrandt du Musée du Louvre (43).

Superbe épreuve avant toutes lettres, la planche entièrement terminée mais avec les fonds éclaircis; on remarque tout autour du trait carré de nombreux traits de burin dont plusieurs ont la forme de croix. Sur chine, signée et encadrée.

116. Saint Georges, d'après le tableau de Raphaël du Musée du Louvre. In-fol. (45).

Très belle épreuve avant toutes lettres. Sur chine, signée et encadrée.

117. Madame ***, assise dans un fauteuil. Croquis à l'eau-forte fait dans l'atelier de T. de Mare. In-4 (50).

Très belle épreuve tirée en bistre. Signée.

118. Monsieur Delaby. Croquis à l'eau-forte. In-8 (51).

Très belle épreuve. Signée.

119. Monsieur Langlade. Croquis à l'eau-forte. In-18 (54).

Très belle épreuve. Signée.

120. Tête de femme tournée à droite, la main droite ramenée près de l'oreille gauche. Croquis, in-18, à l'eau-forte (72).

Très belle épreuve.

121. La Joconde, état de la planche à la mort de l'artiste.

Très belle épreuve sur chine.

122. Portrait de Ingres. — Gabrielle de Rochechouart, Dame de Lansac. — Portrait d'homme. — Deux études d'après le carton de Raphaël conservé à Hampton-Court, représentant Jésus remettant les clefs du Paradis à saint Pierre. — Un accusé amené devant un Doge.

Six reproductions de dessins à la plume.

GARNIER (D'après).

123. Le Passage du Ruisseau.

Très belle épreuve avant toutes lettres. Rare.

GIRARD (F.).

124. L'Amour maternel, d'après Prud'hon.

Superbe épreuve avant la lettre, sur chine. Encadrée.

GOYA (F.).

125. Les Désastres de la guerre. Suite de quatre-vingts planches gravées à l'eau-forte. Madrid 1863. 2 vol. petit in-fol. oblong, demi rel.

GRAVELOT (D'après H.).

126. Costumes d'hommes, suite très rare de six pièces dessinées en Angleterre par Gravelot, gravées par L. Truchy et publiées en 1774.

Très belles épreuves avec de grandes marges.

GREUZE (D'après J.-B.).

127. Encadrement de l'Estampe gravée par Gaillard, intitulée : La Voluptueuse.

Très rare épreuve dans un état d'eau-forte assez avancé.

GREVEDON.

128. Princesse de Galles. — Juliette. — Ursule Bordogni. — Ommeganck, etc. — Dix-huit portraits in-fol., lithographiés.

Très belles épreuves avec marges.

GUDIN (Tн.).

129. Marines. Treize lithographies.
Très belles épreuves avec marges.

HADEN (Seymour).

130. Battersea reach (R. D. 45).
Belle épreuve.

HARMAR (Tн.).

131. To the banquet. — From the banquet. Deux charmantes pièces, de forme ovale et faisant pendants, publiées à Londres en juin 1783.
Très belles et rares épreuves en couleurs. Toutes marges.

HOUSTON (R.).

132. Miss Harriet Powell, devenue, plus tard, comtesse de Seaforth. Gravé à la manière noire d'après C. Read.
Superbe épreuve avant la lettre. Rare.

HENRIQUEL-DUPONT.

133. Les Pèlerins d'Emmaüs, d'après P. Véronèse.
Très belle épreuve sur chine. Encadrée.

HUCK (D'après J.-G.).

134. The oyster Girl, gravé à la manière noire par J. Young.
Très belle épreuve.

HUET (D'après J.-B.).

135. L'Amant écouté, par Bonnet.
Très belle épreuve imprimée en couleurs.

136. Les Amours rendant hommage à Vénus, par Bonnet.
Très belle épreuve imprimée en couleurs. Grande marge.

137. L'Amour prie Vénus. — Vénus enflammée par l'Amour. — Deux pièces, faisant pendants, gravées par L. Bonnet.
Très belles épreuves imprimées en couleurs, légèrement tachées d'humidité.

138. La belle Cachette, par Bonnet.
   Très belle épreuve imprimée en couleurs.

139. La belle Toilette, par Bonnet.
   Belle épreuve imprimée en couleurs.

140. La Bergère récompensée, par Jubier.
   Très belle épreuve en couleurs.

140 *bis*.   Le Départ de campagne, par Jubier.
   Belle épreuve en couleurs.

141. Pastorale, par Demarteau (610).
   Superbe épreuve imprimée en couleurs.

142. Thétis écoute Protée..... par Bonnet.
   Très belle épreuve imprimée en couleurs.

HUET (D'après VELLIERS).

143. Hébé. — Léda. Deux pièces, faisant pendants, gravées par Morette.
   Très belles épreuves imprimées en couleurs.

INGRES (J.-D.).

144. Gabriel Cortois de Pressigny, archevêque de Rennes, ambassadeur de France à Rome en 1816.
   Très belle épreuve de cette superbe eau-forte, la seule qu'ait gravée le maître; elle est avant toutes lettres, seulement le nom de *J. D. Ingres fecit Romæ* 1816, tracé à la pointe sous le trait carré à gauche est très fraiche et a toute sa marge. Très rare de cette qualité.

ISABEY? (D'après).

145. Portrait d'une dame, vue de face, à mi-corps et coiffée d'un turban. Médaillon ovale in-8.
   Très belle épreuve avant toutes lettres, imprimée en couleurs. Très rare.

ISABEY ET PERCIER (D'après).

146. Trente-cinq pièces, par divers graveurs, tirées du Sacre de l'Empereur Napoléon, portraits et costumes de l'Empereur, de l'Impératrice et des personnages officiels ayant assisté à la cérémonie.
   Très belles épreuves.

147. Treize pièces, doubles des précédentes.
   Très belles épreuves.

JACQUET (A.).

148. La Crucifixion, d'après Mantegna (Musée du Louvre).
Très belle épreuve avant la lettre, signée de l'artiste. Encadrée.

JANINET (Y.-F.).

149. Le Repas des Moissonneurs. — La Noce de village. Deux pièces, faisant pendants, gravées d'après Wille fils.
Très belles épreuves imprimées en couleurs.

150. Vénus sur les eaux, d'après Charlier.
Très belle épreuve imprimée en couleurs, elle est montée en dessin et encadrée.

JANINET? (F.).

151. L'Amour désarmé. — Vénus au bain. Deux petites pièces de forme ovale, gravées d'après Boucher et Charlier.
Très belles épreuves imprimées en couleurs; elles sont montées en dessins. Cadres anciens en bois doré.

JEAURAT (D'après).

152. Le Fiacre, par Pasquier.
Très belle épreuve avec toute sa marge.

JONES (J.).

153. Mrs Edwards, devenue plus tard Mrs Gretton. Gravé à la manière noire d'après Lawranson. In-f°.
Très belle épreuve.

KAUFFMAN (D'après A.).

154. Her Grace, the Dutchess of Richmond, par Ryland. In-f°.
Très belle épreuve imprimée à deux teintes, en bistre et en rouge.

154 bis. La même estampe.
Très belle épreuve imprimée en rouge.

155. Flore arrange des fleurs pour que Varelst, célèbre peintre de fleurs, les peigne. Gravé par Burke.
Très belle épreuve imprimée en couleurs.

156. Nymphes couronnant le buste de J.-J. Rousseau. Jolie pièce, de forme ovale, gravée au pointillé dans le goût de Bartolozzi.

Très belle épreuve avant toutes lettres, imprimée en couleurs.

KESSEL (VAN).

157. Équipages d'un officier russe à la frontière. Deux pièces faisant pendants.

Très belles épreuves avant toutes lettres très finement gouachées sur trait.

KOSTER (S. DE).

158. Mrs Billington, 1801. Très joli médaillon ovale, in-8.

Très belle épreuve imprimée en couleurs. Rare.

LANCRET (D'après N.).

159. Le Gascon puni. — Nicaise. Deux pièces gravées par De Larmessin.

Très belles épreuves.

LAWREINCE (D'après N.).

160. Ah! laisse-moi donc voir, par Janinet (E. B. 2).

Très belle et très fraîche épreuve imprimée en couleurs.

161. La même Estampe.

Très belle épreuve imprimée en couleurs, elle est sans marge, montée en dessin et encadrée.

162. L'Aveu difficile, par Janinet, 1787 (8).

Très belle épreuve imprimée en couleurs, légèrement piquée d'humidité.

163. Le Billet doux, par N. de Launay (10).

Belle épreuve.

164. La Comparaison, par Janinet, 1786 (12).

Très belle épreuve imprimée en couleurs, légèrement piquée d'humidité.

165. Le Petit Conseil, par Janinet (48).

Très belle épreuve imprimée en couleurs.

166. Le Roman dangereux, par Helman (56)

Très belle épreuve.

LE BEAU (P.-A.).

167. F.-A.-M. Raucour, de la Comédie-Française, médaillon ovale reposant sur un cartouche où est représentée une scène de la tragédie de Mithridate. In-8°.

Très belle épreuve avant la pagination. Grande marge.

LE CLERC (D'après F.).

168. Le bon Logis, par L. Bonnet.

Très belle épreuve imprimée à la sanguine.

LE PRINCE (D'après J.-B.).

169. La Rose choisie, par Ligé et Bonnet.

Très belle épreuve imprimée en noir et à la sanguine.

LEROY ET LAMBERT (D'après).

170. La Pudeur alarmée. — La Pudeur en défaut. Deux pièces, faisant pendants, gravées par Tassaert.

Très belles épreuves coloriées.

LOUTHERBOURG (D'après P.-L.).

171. The bird catchers, par D. Lerpinière.

Très belle épreuve.

MARE (T. DE).

172. L'Hiver, d'après le tableau de Lancret du Musée du Louvre.

Très belle épreuve avant toutes lettres, datée et signée par l'artiste. Encadrée.

173. Les Corbeaux, d'après Schenck.

Très belle épreuve avant toutes lettres. Signée, datée et encadrée.

174. Pieter Vischer. — La Parade, d'après Fragonard. — La Rixe, d'après Brauwer. — Le Christ porté au tombeau, d'après le Titien. Quatre pièces encadrées.

Très belles épreuves, les trois premières pièces sont avant la lettre.

MASSARD (R.) ET LAUGIER (J.).

175. L'Enlèvement des Sabines. — Léonidas aux Thermopyles. Deux pièces gr. in-fol. faisant pendants, gravées d'après les tableaux de David qui sont au Musée du Louvre.

Très belles épreuves. Encadrées.

MASSARD (R.).

176. Le Couronnement d'épines, d'après le Titien (Musée du Louvre).

Très belle épreuve sur chine. Encadrée.

MEISSONIER (D'après E.).

177. Le Peintre, par Rajon. In-8 (H. B. 9), troisième planche. —

Superbe épreuve avant toutes lettres, sur chine volant.

178. L'Escorte, par Th. de Mare.

Très belle épreuve signée et datée. Encadrée.

179. Vignette pour Lazarille de Tormes, bois. —

Superbe épreuve tirée hors texte, sur chine volant.

MERCIER (D'après).

180. La belle Dormeuse. — La Jeune éveillée. Deux pièces, faisant pendants, gravées par J. Avril.

Très belles et rares épreuves avant toutes lettres.

MOREAU (J.-M.).

181. Le Bal masqué. — Le Festin royal. Deux pièces, faisant pendants, gravées à l'occasion des fêtes données au Roi et à la Reine, par la Ville de Paris le 23 janvier 1782 (B. 200-201).

Anciennes et belles épreuves.

182. Ouverture des États généraux à Versailles le 5 mai 1789. — Constitution de l'Assemblée nationale. Deux pièces se complétant (205).

Superbes et très rares épreuves avant toutes lettres. Marges.

183. Les mêmes Estampes.

Très belles épreuves avec la liste des Députés et avant que l'adresse de Moreau ait été remplacée par celle de Jean.

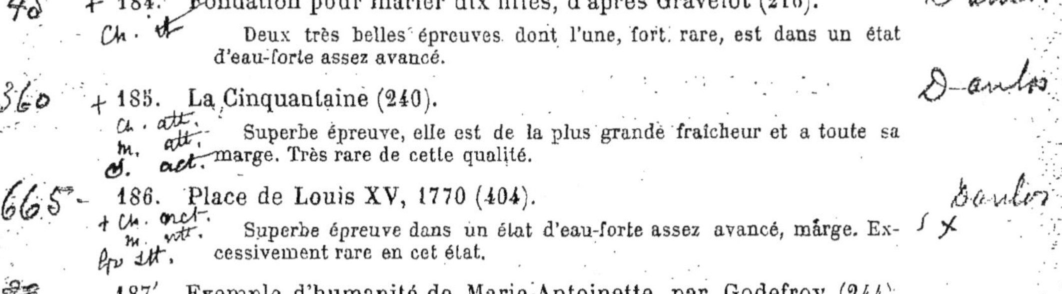

+ 184. Fondation pour marier dix filles, d'après Gravelot (216).

Deux très belles épreuves dont l'une, fort rare, est dans un état d'eau-forte assez avancé.

+ 185. La Cinquantaine (240).

Superbe épreuve, elle est de la plus grande fraîcheur et a toute sa marge. Très rare de cette qualité.

186. Place de Louis XV, 1770 (404).

Superbe épreuve dans un état d'eau-forte assez avancé, marge. Excessivement rare en cet état.

187. Exemple d'humanité de Marie-Antoinette, par Godefroy (244).

Très belle épreuve, sans marge.

188. Le Lever, par L. Halbou (1360).

Très belle épreuve avec les lettres A. P. D. R.

98. La grande Toilette, par A. Romanet (1362).

Très belle épreuve avec les lettres A. P. D. R.

MORLAND (D'après G.).

190. Variety. — Constancy. Deux pièces, faisant pendants, gravées par Bartoloti.

Très belles épreuves lettres grises, en couleurs.

191. Séduction, gravé à la manière noire, par J. Young.

Très belle épreuve en couleurs. Grande marge.

MORLAND? (D'après).

X 192. Morning or toughts amusement fort the evening. Jolie pièce, de forme ovale, publiée à Londres en 1790, par Colnaghi.

Belle épreuve coloriée.

MOUCHET (D'après).

193. L'Illusion, par R. et D.

Très belle épreuve tirée avant la suppression de la bordure. Rare.

194. Qui est là ? par Darcis.

Très belle épreuve.

PÉZARD (A Paris, chez le citoyen).

195. Les Anglais, petit médaillon de forme ronde, pour dessus de boîte.

Très belle épreuve imprimée en couleurs.

PICOT (A Londres, chez).

196. Briseys. Petit médaillon ovale gravé au pointillé.

Très belle épreuve imprimée en couleurs. Grande marge.

PRÉVOST.

197. Le Cabaret de Ramponeau.

Très belle épreuve d'une pièce curieuse et rare.

QUEVERDO (D'après J.-M.).

198. La Jouissance. — Le Repos. Deux pièces, faisant pendants, gravées par Dambrun.

Très belles épreuves.

REMBRANDT (D'après).

199. Laissez venir à moi les petits enfants, par Hess.

Très belle épreuve avant toutes lettres.

RÉVOLUTION (Pièces sur la).

200. Don patriotique fait par les dames artistes le 7 septembre 1789. — Le 14 juillet 1790, Fédération des Français. Deux pièces gravées par Ponce, d'après Borel et Meunier.

Très belles épreuves.

201. Exécution de Louis Capet, XVIᵐᵉ du nom le 21 janvier 1793. Grand et très curieux placard, assez bien gravé à l'eau-forte, d'après un dessin fait bien certainement sur place. Cette pièce, publiée à Paris chez Basset, passe pour être la plus authentique sur la mort du Roi.

Épreuve coloriée du temps. Rare.

202. Agricola Viala, âgé de 11 ans, martyr de la liberté. Gravé par Pitou, d'après Desrais. Grand in-4.

Très belle épreuve en couleurs. Toute marge.

REYNOLDS (D'après Sir J.).

203. Lady Sarah Bunbury, en pied. Gravé à la manière noire par E. Fisher, 1776. In-fol.

Très belle épreuve.

204. Miss Kemble. Gravé à la manière noire par J. Jones. In-fol.

Superbe épreuve avec marge.

205. Master Herbert, en Bacchus. Gravé à la manière noire par J. R. Smith. In-fol.

Superbe épreuve du second état : les lettres sont tracées à la pointe. Rare.

206. Miss Palmer. Gravé à la manière noire par J. R. Smith. In-fol.

Très belle épreuve.

207. Anne, Duchess of Cumberland, en pied. Gravé à la manière noire par J. Watson. In-fol.

Superbe épreuve du 1er état : avant la planche additionnelle et avant que la date de 1773 ait été altérée. Très rare.

208. Thomas Newton, évêque de Bristol. Gravé à la manière noire par Th. Watson. In-fol.

Superbe épreuve avec une très grande marge.

209. Vénus, par A. Briceau, femme Allais.

Très belle épreuve imprimée en couleurs.

ROSSI, NUMA ET AUTRES.

210. Finis donc. — Le Lacet. — La Coiffe. — Toilette du matin. — Toilette du soir, etc. Douze lithographies.

Très belles épreuves noires et coloriées.

ROWLANDSON (F.).

211. Transplanting of teeth. — Traffic. Deux pièces.

Très belles épreuves coloriées.

212. The dying patient or Doctor's last fee.

Très belle épreuve coloriée.

213. Voyages du docteur Syntax. Quatre pièces publiées à Londres en 1817.

Très belles épreuves imprimées en couleurs.

RUOTTE (L. Ch.).

214 Mar. Ther. Louise de Savoye-Carignan, Princesse de Lamballe, d'après le dessin fait par Danloux en 1791. In-4°.

Belle épreuve en couleurs.

215. Marie-Antoinette, en laitière, d'après Césarine F. In-4.

Belle épreuve en couleurs.

216. Mme Gontier, de la Comédie-Française. In-4.

Très belle épreuve imprimée en couleurs. Sans marge.

SAINT-AUBIN (G. DE).

217. Allégorie au mariage du Dauphin, depuis Louis XVI (De B. 4).

Très belle et très rare épreuve du 1er état sur laquelle Saint-Aubin a dessiné au crayon les retouches qu'il fit, par la suite, à sa planche, retouches qui constituent le second état. Collection R. Dumesnil.

SMITH ET NORTHCOTE (D'après).

218. A visit to the Grand Father. — A visit to the Grand Mother. Deux pièces, faisant pendants, gravées à la manière noire par E. Dayes et Smith en 1785 et 1788.

Très belles épreuves, tachées d'eau.

SPENCER (D'après la C^{sse}).

219. Jeune femme vue de profil, assise et lisant, médaillon oblong. In-fol.

Très belle épreuve imprimée en bistre.

SWEBACH (D'après).

220. Trait de bonté de Louis de France, duc de Bourgogne. — Jean Bart enlève aux Hollandais un convoi dont ils s'étaient emparés. Deux pièces gravées par Janinet et L. Morret.

Très belles épreuves imprimées en couleurs.

TANCHE (D'après N.).

221. Les Dangers des Bosquets. — Les Désirs naissants. Deux pièces, faisant pendants, gravées par Lebeau.

Superbes épreuves avant les inscriptions sur la tablette ; elles sont de la plus grande fraicheur et ont toutes leurs marges. Très rares de cette qualité.

TAUNAY (D'après).

222. La Foire de village. — La Noce de village. Deux pièces gravées par Descourtis.

Magnifiques épreuves imprimées en couleurs, avant les armes et avant toutes lettres ; elles sont de la plus grande fraicheur et ont leurs marges entières non ébarbées. De la plus grande rareté de cette qualité.

TYPOGRAPHIE CHAMEROT & RENOUARD

19, RUE DES SAINTS-PÈRES, 19

FACTURE N° 1566²

Doit Monsieur Danlos   Duplicata

Paris, le 28 Février 1898

Nᵒˢ DE COMMANDE		FRANCS.	CENT.	FRANCS.	CENT.
21936	Vente Greppe – Estampes anciennes et modernes – 5 ftes ¼ et Couverture in 8° Raisin tirées à 850 Ex.				
	5 ftes ¼ à 46.10	242	05		
	Corrections	62	—		
	Tirage, papier et Calandrage pour 5 ftes ¼ à 850 Ex.	205	40		
	Couverture				
	Composition, Tirage, Papier et Brochage	77	55		
				587	

J. LASQUIN

DISTRIBUTEUR DES CATALOGUES DES VENTES

de MM. les Commissaires-Priseurs

21, RUE RODIER, 21

Doit M*onsieur* A. Danlos   *Commissaire-Priseur*

Pour Distribution de Catalogues

Paris, le 12. Mars 1898

VENTE	490 Catalogues D'Estampes		
10. 11. 12. Mars	anciennes et Modernes		
Sections	Vente Du Greffe		
	Distribution		49,,,

Danlos fils & Deliste

ESTAMPES ANCIENNES & MODERNES

LIVRES SUR LES BEAUX-ARTS

15, QUAI MALAQUAIS, 5

Monsieur Whitehead,

Doi[t]

PARIS, le 31 Janvier 1898

SOCIÉTÉ ANONYME
du Recueil général
des Lois et des Arrêts
et du Journal du Palais

LIBRAIRIE
Ancienne Mon L. LAROSE & FORCEL
22, Rue Soufflot

L. Larose
DIRECTEUR DE LA LIBRAIRIE

Paris, le 24 Fevr.   1898

Monsieur

Notre imprimeur nous dit qu'il n'a rien de plus semblable aux caractères du modèle.

Veuillez agréer, Monsieur, nos salutations bien distinguées.

POUR LA SOCIÉTÉ ANONYME
DU RECUEIL GÉNÉRAL DES LOIS & DES ARRÊTS
ET DU JOURNAL DU PALAIS

VERNET (D'après C.).

223. Course de Chars romains au Champ-de-Mars. — Course de trai-
neaux. Deux pièces, faisant pendants, gravées à la manière
du lavis par Gros.

Superbes et très rares épreuves avant toutes lettres. Grandes marges.

224. Le Galop. — Le Départ au galop. — Cheval de chasse. — Le
Saut. Quatre pièces gravées par J. Darcis.

Très belles épreuves en couleurs.

VUES.

225. Vues de Normandie. Cinquante-deux pièces.

WHEATLEY (D'après R.-A.).

226. Cries of London : Old chairs to mend. Gravé par Vendramini et
publié par Colnaghi en 1795.

Très belle épreuve en couleurs.

Paris. — Typ. Chamerot et Renouard, 19, rue des Saints-Pères. — 39071.